Patrick Beck

Die unsichtbaren Dinge
werden von der Zeit trainiert

بتريك بيك

الأشياء غير المرئية يُدرّبُها الزمن

Aus der Reihe "**Lyrik-Salon**"

سلسلة صالون الشِعر الألماني العربي

Ins Arabische übersetzt und herausgegeben
von
Fouad EL-Auwad

Titel
Deutsch:
Die unsichtbaren Dinge werden von der Zeit trainiert

Arabisch:
الأشياء غير المرئية يُدرّبُها الزمن

Autor: **Patrick Beck**
بتريك بيك
Übersetzt & herausgegeben von: **Fouad EL-Auwad**
فؤاد آل عواد
Aus der Reihe "**Lyrik-Salon**"
سلسلة صالون الشِعر الألماني العربي
التدقيق العربي: هدى سرحان

2. Auflage 2024, zweisprachig (Deutsch/Arabisch)
Edition Lyrik-Salon Spezial 2022
© Copyright Fouad EL-Auwad
www.lyrik-salon.de
© Copyright für die Originaltexte bei dem Autor

Titelbilder, Umschlagsdesign, Satz & Layout:
Fouad EL-Auwad

Herstellung und Verlag:
BoD - Books on Demand, Norderstedt
ISBN 9783754396001

Patrick Beck

Die unsichtbaren Dinge
werden von der Zeit trainiert

Für
Thuon Burtevitz

بتريك بيك

الأشياء غير المرئية يُدرّبُها الزمن

Wir haben einmal gedacht
dass die Augenblicke vorüberziehen
wie eine Schlange.

Wir haben uns geirrt.
Heute sind die Uhren ausgestorben
die Werke und die Zeiger versteinern
wie die Knochen der Saurier.

Die Kastanie, sie hängt noch an der Kastanie
zugleich liegt die Kastanie schon unter der Kastanie.
Der Schatten der Kastanie, er streicht
aus dem nächsten Moment bis unter den Baum.
Der Moment ist noch nicht geplatzt
aber er fällt schon.

Diese Horizonte werden, einer nach dem anderen
aufgerollt wie Jahresringe.
Die achtäugigen Spinnen, sie legen
ihre Fäden auf diese Linien.

لقد اعتقدنا ذات يوم
أن اللحظات تمضي
مثل الأفاعي

كنا مخطئين بظننا
والآن أنقرضت الساعات
فالمحرك تحجّر ومعه العقارب
كما تحجّرت عظام الديناصورات.

الكستناء تتعلق بالكستناء
في الوقتِ ذاتهِ تكون تحت الكستناء
وظل الكستناء يتسلل حالاً
إلى أسفل الشجرة.
مازالت اللحظة لم تتفجر بعد
ولكنها سوف تسقط بكل تأكيد

سوف تتحول الآفاق كلّها، أفق تلو أفق
إلى لفافةٍ مثل حلقات نمو الشجر
والعناكب ذات العيون الثمانية
تمدّ خيوطها على هذا المسار.

7

Im vollen Mondlicht
wird die Kastanie durchsichtig
wie Froschlaich.

Darin schimmert
ein Embryo.

Faltig, uralt.

*

Am Weg der Schneebuddha –
geschmolzen.
Nur der Schnee,
nicht der Buddha.

تحت ضوء القمر
تصبح الكستناء شفّافةً
كما سرْءُ الضفدع

في داخلها
يسبح جنين

مجعد، وهرم جداً

*

على الطريق
ذاب بوذا الثلجي
ولكن ما ذاب هو الثلج فقط
وليس بوذا

9

Der Schnee, der auf den Hügel fiel, zeichnete
einen Kreis. Einen Abdruck von etwas, das längst
nicht mehr war, einen Schatten ohne Original. Wo jetzt
nur noch Gras wuchs, sonst war da nichts mehr, auch
nicht im Boden, der hier nicht anders war. Nur
der Schnee zeichnete den Kreis wieder, wie jeden
Winter, und dieser Kreis war mehr als alle Perlen.

الثلجُ الذي تساقط على تلة، شكّل دائرة،
أثرَ شيءٍ ما، شيءٍ انقضى منذ زمن بعيد،
شكّل ظلاً غيرَ أصليّ، هناك حيث لا شيء ينبت سوى العشب،
لا شيء على الأرض، التي لا تختلف عن غيرها.
فقط الثلج يرسم الدائرة مرة تلوَ مرّةٍ
كما الحالُ في كل شتاء.
وكانت لهذه الدائرة قيمةٌ أكثرُ من قيمة كل اللآلئ.

Ach diese Kirschen.
Die einen noch grün,
die anderen schon rot –
sogar ein gelbes Blatt.
Was für ein Flohzirkus!

آه من تلك الكرزات
بعضها أخضر
وبعضها أحمر
و ورقة صفراء
يا له من سيرك براغيث!

Auch heute Nacht rufen die Vögel wieder, einer ruft, der nächste antwortet, und so geben sie ihren Ruf weiter durch die Nacht, reichen ihn vom Abend zum nächsten Morgen oder vielleicht in die andere Richtung, vom nächsten Morgen zurück zum Abend, und vielleicht werden sie diesen Ruf in tausend Jahren zum ersten Mal gehört haben.

في هذه الليلة سوف تصيح الطيور مرة أخرى
أحدها ينادي والآخرُ يردّ الجواب
هكذا ينتقلُ النداء من طيرٍ إلى طير ، طيلة الليل
من المساء حتى الصباح الباكر
ربما عكس ذلك، من الصباح الباكر رجوعاً حتى المساء

وبعد آلاف السنين ربما تسمعُ الطيور نداءاتِها لأوّل مرّة

Alles entfernt sich voneinander –
Gras, Bäume, Planeten, Sterne.

Über uns ziehen Stare, ein riesiger Schwarm,
es mögen tausende sein.
Wie der Kosmos, so dehnt sich der Schwarm –
Star entfernt sich von Star.

Diese Bewegung kehrt sich um,
die Stare rufen sich,
der Schwarm pulsiert.

Der Klang ist das Herz des Schwarms.

كل شيءٍ فيه يبتعد عن غيره
العشب والأشجار، الكواكب والنجوم.

فوق رؤوسنا تحلّقُ عصافيرُ الزرزور، سرباً ضخماً
ربما تكونُ فوقَنا آلافٌ من الزرازير
مثلما الكونُ يتمدّدُ ويتّسع ، يتمدّدُ ويتّسع السّربُ
زرزورٌ يبتعدُ عن زرزور

تنعكس الحركة من جديد
زرزورٌ ينادي الزرزورَ
والسّربُ ينبض.

الصوتُ يبقى قلب السرب

Das Licht wacht auf
im Aufgang der Lieder
leicht wie ein Rausch.

Auf dem Grund meiner Trunkenheit
liegt ein Blatt
es hat auf seinem Flug
eine Erinnerung berührt.

Unter der Brücke
das weiche Licht
des Mondes.

Weiße Beeren
sie schweben wie Planeten
diese Welten
an den Spitzen
des Kosmos.

Vor und hinter der Tür
ist es dunkel.
Aber im Schlüsselloch
brennt
ein Licht.

يستقط الضوء
على ايقاع الأغاني
خفيفاً كخفة النشوة

فوقَ قاع السُكر
وريقة
بينما هي تطير
مسّت في طريقها الذاكرة

تحت الجسر
ضوء القمر
الناعم

حبّاثُ التوت الأبيض
تسبحُ في الفضاء مثل الكواكب
فهذه العوالم
تعتلي قمّةَ
الكون

ظلامٌ يعمُّ
أمامَ وخلفَ الباب
لكن من ثقب المفتاح
يتسرّبُ
الضوءُ

Die Zikaden
zirkeln eine Kuppel
über die Wiese.

Der Himmel
aufgetragen Schicht für Schicht
färbt sich tief transparent.

Diese Hand
ein Engel vielleicht
faltet sich zu einem Bogen.

مجموعة من الزيزان
تقيس بدقة قبّةً
فوق المرج

السماء تشكّلت
طبقة فوق أخرى
وفي الأعماق أخذت ألوان الشفافية

هذه اليد
ربما ملاك
انطوى ليكون قوساً

Über dem abgemähten
Sonnenblumenfeld
kreist suchend
ein Schwarm Stare.

Ein schwacher Zweig
hält die letzte Birne.

Die Brombeeren werden
nicht mehr schwarz.

فوق حقل عباد الشمس
بعد الحصاد
يُحلّق سرب من الزرازير
الباحثة عن شيء ما

غصن ضعيف
مازال يحمل آخر أجاصة

التوت الأسود
لم يعد أسودَ

Die Augen spiegeln das Licht auf den Wellen,
und die Wellen spiegeln das Licht auf den Augen,
und für einen Wellenschlag, für einen Augenblick,
ist das Licht zwischen dir und der See gefangen,
hast du die große Zeit, einmal hineinzublicken
ins Licht.

العيونُ تعكس الضوءَ إلى سطح الموج
والموجُ يعكس الضوءَ إلى العيون
لومضة من الزمن، وبسرعة ضربة الموج،
يكون الضوء أسيراً بينكَ وبينَ البحيرة
ألديك وقتٌ كافٍ كي تنتظرَ في الضوءِ
لمرّةٍ واحدة.

Dieser Horizont
immer wieder taucht das Leuchten unter
vernäht die Möwen und das Salz von neuem
korrigiert den Versuch.

Das Meer wirft Falten
als ob das alles
ein Gewand ist –
und wir nur Flicken.

Und das alles geschieht so schnell
dass es ununterscheidbar wird
von etwas
das wir glaubten zu kennen.

هذا الأفق
يتلاشى أراراً وتكراراً الوهجُ
يُخيط النوارسَ مع الملح،
ويعيد تدقيق المحاولة

البحر يرمي طياته
وكأن كل هذا اذا عباءة
علينا أن نُرقِّعَها

هذا مايحصل بسرعة
حيث لا يعودُ هناكَ فرقٌ
بينه
وبين ما نعتقد أننا نعرفه.

Nebel liegt auf der See. Du ruderst. Du weißt nicht,
ob deine Ruder in die See oder in den Nebel tauchen.
Vor dir liegen Norden und Süden, hinter dir Osten und
Westen. Mit jedem Schlag verlierst du deinen Weg.
Mit jedem Schlag kommst du ihm näher.

فضباب ينبسط على وجه البحيرة، وأنت تتجدّف. لكنك لا تعرف فيما إذا كانت مجاديفك تغطس في البحيرة أم في الضباب.

الشمال والجنوب أمامك، وخلفك الشرق والغرب،،

كل ضربة مجداف تضلّ دربَكَ مع.

ومع كل ضربة تقترب منه من جديد.

Das ist der Weg:

ein blauer Punkt
auf dem Schaf,

ein roter
auf dem Apfel,

und am Ballen aus Stroh
ein grüner Strich.

هذه هي الدرب

نقطة زرقاء
على الحُروفِ

وأخرى حمراء
على التفاحة

وعلى بالة القش
خط أخضر

Nachtwache

Du wachst jede Nacht,
wachst draußen,
draußen auf den Hügeln,
willst ihn erkennen,
den Moment,
der den glänzenden Tau
über jeden Dorn zieht,
und du atmest
die kalte Nachtluft,
und du gehst
die Schleife des Saturns,
und vielleicht wirst du
eines Morgens
vertraut sein,
vertraut den Dornen,
aber du wirst es
nicht sehen,
du wirst nicht
selbst schimmern,
dein Wachen ist es,
das leuchtet.

حراسة ليليّة

تستيقظ كل ليلة
تستيقظ في العراء
على التلة
أتريد أن تتعرف
على اللحظة
التي تجر الندى اللامع
على كل شوكة
و أنت تتنفسُ
هواء الليل البارد
وأنت تمشي يَمنَةً ويَسرَةً
كما تعرجات زحل
في صباح أحد الأيام
ربما ستكون
على دراية بالشّوك
ولكنك لن تراه
ولن تلمع كالضوء
فقط استيقاظك
هو الذي يُضيء

Nachtregen –
wie wohl der Tropfen
ohne Licht
seinen Weg findet?
Exakt auf meine Nasenspitze?
Und ich eile!

*

Auf der Seekarte eingezeichnet –
eine Insel.
Sie findet niemand.
Sie soll ein Irrtum sein.
Doch auf dieser Insel
haben wir
überwintert.

مطرٌ ليليٌّ -
كيف تجدُ حباتُ المطر
طريقَها دون الضوء
لتهبط بالتحديد على أرنبة أنفي؟
وأنا على عجلةٍ من أمري!

*

جزيرة
على خارطة البحار
مرسومة
لا أحد يَهتَدي إليها
يُقال إنها خطأ مطبعي
لكنّا قد قضينا
فصل الشتاء
على هذه الجزيرة

Der Wind weht nach Westen
du willst nach Süden schwimmen.
Diese Scholle treibt nach Osten
und du, du driftest nach Norden.

*

Deine Hand leuchtet.
So wie wenn
unter dem Strand
ein Licht ist.
Auch deine Hand
ist ein Strand.

الريح تهب باتجاه الغرب
لكنكِ تريدين السباحة جنوباً
هذه السمكة تتجه شرقاً
وأنتِ، أنتِ تنجرفين شمالاً

*

يداكِ تضيء
ما لو أن ضوءاً كما
يشع تحت الشاطئ
حتى يداكِ
هي الأخرى شاطئ

37

Fingerhüte
glühen an Wegen.

Sie sind die Wege.

Unsere Wege –
sie wurden einst
an jene gelegt.

Der weiße Weg.
Der violette Weg.

على دروبها
تتوهج الكشتبانات

إنها الدرب

دروبنا ـ
شقت ذات مرة
مسارات واحدة

درب بيضاء
وأخرى بنفسجية

Steinkreis im Gras.
Die Nacht bleibt hell.
Schauer weh`n über die Hügel.

*

Gischt, gefangen von Steinen.
Steinhaut, zerschrammt.
Ader im Stein.

*

Ein Schaumaltar die Wellen.
Der Wind eine Kapelle.
Kerzen die Kornblumen.

*

Als Wolke
in den
Wolken.

دائرة حجريّة في العشب
ويبقى الليل مشرقاً
وزخات مطر تهب فوق التلّة

*

زَبَدٌ احتجزته الأحجار
غشاء ترضرض ماء
أوردة في الحجر

*

السحاب هيكل من الرغوة
الريح كنيسة
والشموع عنبرية

*

كغيمة
في
السحاب

Mitten auf dem Feld
ein offenes Tor.
Vor dem Tor: Wind.
Hinter dem Tor: Wind

*

Im Atem diese Spur
ein Abdruck ist es
des Schattens der Wolke.

في منتصف الحقل
بوابة غير مغلقة
أمام البوابة رياح
خلف البوابة رياح

*

في النَفَسِ أثرٌ
إنها بصممةٌ
لظِلِّ سحابةٍ

43

Den Asphalt bricht
einmal pro Stunde
ein Seehund auf.
Das ist:
Unser Atemloch.

*

Das Meer atmet ein.
Du hältst die Luft an.
Der Wind atmet aus.

ساعة كلّ مرّة
البحر تنتفي كلب البحر
تَفلتَ الإسفلتَ
فيكون ثقبُ
نتنفس من خلاله

*

أقيها شهيق البحر يتنفس
أنتِ تحبين الهواء
والريح تئنُّ زفيراً

Jeder hat diese Kraft.
Ein Käfer. Eine Sonne.
Und in allen wirkt sie.
Im Tau. Im Berg.
In der Geschichte,
Lichtjahre entfernt.
Im Meer. In dir.
Sie verwebt alles mit allem.
Den Regen. Die Sterne. Das Moos.
Jeder webt an diesem Netz,
jeder ist ein Halt.

كل منّا يملك هذه القوّة

خفنفناء كانت أم شمساً

وبكل شيء تُؤثّر

بالندى، بالجبل

بالحكايات

البعيدة لسنين ضوئية

بالبحر، وبكِ

فهي تَنَسُجُ كل شيء، تَنَسُجُ البعضَ بالآخر

تَنَسُجُ المطرَ، النجومَ، تَنَسُجُ الطحالب

وكلٌّ ينسجُ بِشِباكِها

ويصبح سنداً لها

Das Gehirn: Das ist Wasser.
Und auch: Wale und Salz und Algen.
Das Meer faltet sich im Wind.
Die Erinnerungen versinken.
Quastenflosser leben in den Furchen.
Manchmal streifen sie den Tag.
Du stehst auf diesem Baumstumpf.
Einen Tag. Zwei. Du wirst nicht müde.
Du erinnerst dich an diesen Tag
im Jahr siebzehnhundertfünfzig.

الدماغ: مجرد ماء.
وأيضاً: الحيتان، الملح والطحلب.
البحر يموجُ مع الريح
الذكريات تتلاشى
في الأخاديد تعيشُ أسماك الكُهوفِ الشوكيّة
أحياناً تعبر النهار.
وأنتَ تقف على جذع هذه الشجرة
يوماً واحداً، اثنين، لكنكَ لا تشعر بالتعبِ
تتذكرُ هذا اليوم
في عام خمسين وسبعمئة وألف

Mit einem alten Rezept
Schreibe ich dieses Gedicht
Gerührt aus Galläpfeln, Eisen und Hitze.
Die Striche, die Worte: Unsichtbar wie ihre Rhythmen.
Die unsichtbaren Dinge werden von der Zeit trainiert.
Vielleicht kann dieses Gedicht eines Tages einer sehen.
Vielleicht.

حسب وصفة قديمة

أكتب هذه القصيدة:

خليط بين حديد وتفاح المرارة وحرارة عالية.

وكما ايقاعاتها تكون الكلمات والخطوط خفيَّة.

فالأشياء غيرُ المرئية يتم تدريبها مع مرور الوقت.

ربما يرى أحدٌ ما هذه القصيدة في يوم من الأيام.

ربما.

51

Da trägt nun jemand
die Sonne als seine Laterne
in der unendlichen Nacht.

Doch auch ihr Licht –
zu wenig, den Träger selbst
zu erkennen.

في اللَيلِ اللّا متناهي
يحملُ شخصٌ ما الشمسَ
كأنها فانوسه

لكنّ ضوءها
خافت
يحيل دون رؤية حاملها

53

Fresko

In diesem Bild sind alle da, Mann und Frau und Engel,
und es scheint dir vielleicht, dass die Gesichter fehlen,
weil du an ihrer Stelle nur die nackte Wand siehst,
doch zwischen den Zeilen der Ziegel hörst du sie atmen.

لوحة جصية

في هذه الصورة يظهر الكلُّ معاً، رجلٌ، امرأة وملاك،
ويبدون لك ربما أنهم دون وجوه،
لأنك لا ترى سوى جدارٍ عارٍ أمامك،
لكن في الأحجار ما بين السطور تسمع صوت أنفَاسِهم.

Vielleicht ist der große Regen
ja dort verborgen
unter den Dünen der Sahara

Wer mag sie wegschaufeln
die Hitze und den Sand

Die Zeichen an der Gruft:
Eine brennende Fackel,
nach unten gekehrt

Ein Schmetterling

Und eine Schlange
die eigene Schwanzspitze
im Rachen

ربما أنّ المطرَ الغزير
يتوارى هناك
تحت كُثبان الصحراءِ

من يريد أن يجرف الرملَ
والحرارة المتوهجة بعيداً

الإشارات على المدافن
شعلة متوهجة
معكوسة إلى الأسفلِ

فراشة
وأفعى
مدسوس طرف ذيلها
في حلقها

Vielleicht erklang dasselbe Geräusch
als er ihn beiseite rollte
seinen Grabstein –

das Rumpeln des Läutwerks
das durch die kleine Kirche rollt
tief in den Mauern, in den Bänken...

ربما صدر الصوت نفسه
عندما دحرج على طرفِ
حجر شاهدة قبره

قعقعة حجرة الأجراس
التي تتدحرج في أرجاء الكنيسة الصغيرة
إلى أعماق الجدران والمقاعِد

59

Auch das Latein
auf der Grabplatte des Ritters
hat seinen Fall vergessen

Die Krähen am Fluss
alle wärmen ihn
den frierenden Baum

Schlafende Ente
du lunzt mit einem Auge –
Bin ich ein Traum?

Regen, die Tusche
des Himmels. Du suchst einen Schirm –
was für eine Geste!

المخطوط اللاتيني
على قبر الفارس
نسيَ قضيته

غربان بجانب النهر
تُدفّئُ
الشجرة المُتَجَمِدة

أيتها البطة النائمة
تحدقين بعين واحدة
هل أنا الحلم؟

المطر، حبرُ السماء
وأنت تبحث عن مظلّة
يا لها من بادرة!

Wie ein Eisbrecher
schiebt sich der Bleistift hinein
ins weiße Papier

Die graue Linie
Schlingen und Knoten

Die flackernde Kerze
ein Polarlicht

Das weiße Wachs tropft
Schlingen und Knoten

مثل كاسحة الجليد
يندفع قلم الرصاص
على ورقة بيضاء

الخطوط الرماديّة
تتعرج وتشكل عُقَداً

الشمعة المتوهجة
ضوء القطب

والشمع الأبيض
يتقطَّرُ إلى تعرجات وعُقَد

Der deutsch-arabische Lyrik-Salon
Literarische Begegnung der Kulturen
صالون الشِّعر الألماني العربي

Der von dem Dichter **Fouad EL-Auwad** ins Leben gerufene und von ihm seit 2005 jährlich organisierte deutsch-arabische Lyrik-Salon soll die Möglichkeit schaffen, dass sich die Kulturen auf literarischer Ebene begegnen und eine neue Brücke zwischen der arabischen und der europäischen Welt bauen.

Die „Weltsprache der Poesie" ist ein Medium, das gewiss mehr als jedes andere Medium dazu geeignet ist, in einen lebendigen Dialog einzutreten und Verständigung zu ermöglichen. Indem die Lyrik nicht im vorgegebenen verharrt, sondern „das andere" der Sprache sucht, begibt sie sich schon stets auf diesen Weg der Verständigung. Dass Verständigung und Versöhnung in einer Welt zunehmender Konfrontation – der Konfrontation zwischen Arm und Reich, zwischen Nord und Süd, zwischen sogenannter westlicher und sogenannter „östlicher" Welt – in unserer Zeit immer wichtiger wird, liegt auf der Hand. Deswegen freue ich mich sehr, dass der „deutsch-arabische Lyrik-Salon seit 19 Jahren eine Bühne der Verständigung geworden ist.

Der „deutsch-arabische Lyrik-Salon" kann seit 2005 in verschiedenen Städten Deutschlands aber auch im Ausland auf eine stattliche Anzahl eindrucksvoller poetischer Soirées zurückblicken. In München, Bonn, Köln, Frankfurt am Main, Dresden, Aachen, Damaskus, Babylon und in Marokko lasen hochrangige Dichterinnen und Dichter aus verschiedenen Kulturen (aus Deutschland, Frankreich, Österreich, Polen, Schweiz, England, Makedonien, Tschechien, Rumänien, Serbien, Italien, Türkei, Syrien, Ägypten, Saudi-Arabien, Oman, Libanon, Irak, Iran, Bahrain, Vereinigte Arabische Emirate, Kuwait, Tunesien, Marokko, USA usw.) ihre Lyrik auf Deutsch, Arabisch und auf ihren Muttersprachen.
Bis lang haben an den Veranstaltungen und Anthologien über 350 Autorinnen und Autoren teilgenommen.

Veröffentlichungen des deutsch-arabischen Lyrik-Salons

Es sind bis jetzt zahlreiche zweisprachige Anthologien und zweisprachige Bände einzelner Autorinnen und Autoren (Deutsch-Arabisch) erschienen.

Ins Deutsche bzw. ins Arabische wurden sie von **Fouad EL-Auwad** übersetzt und herausgegeben.

Anthologien:

1. **stein der oase**, Allitera Verlag, München 2005
2. **garten der illusion**, Edition Orient, Berlin 2006
3. **dOrt** Shaker Media, Aachen 2011
4. **einfach so**, Edition Orient, Berlin 2012
5. **die kerze brennt noch**, Reihe Lyrik-Salon Spezial, BoD, 2013/14
6. **zartheit des feuers**, Reihe Lyrik-Salon Spezial, BoD, 2015
7. **Zwanzig Wege**, Reihe Lyrik-Salon Spezial, BoD, 2016
8. **Wort für Wort**, Reihe Lyrik-Salon Spezial, BoD, 2017
9. **Hörst du das Licht, wenn es liebt** Reihe Lyrik-Salon Spezial, BoD, 2018
10. **ein punkt am ende des abends**, Reihe Lyrik-Salon Spezial, BoD, 2019
11. **grün zu rot**, Reihe Lyrik-Salon Spezial, BoD, 2020/21
12. **Ein Gesicht, auf dem Minze wuchs**, Reihe Lyrik-Salon Spezial, BoD, 2022
13. **Im Glas Reste von vorgestern**, Reihe Lyrik-Salon Spezial, BoD, 2023
14. **Im Schatten der Tomaten regnet es nicht,** Reihe Lyrik-Salon Spezial, BoD, 2023

2024 erscheinen die 15., 16. und 17. Anthologie.

Bände einzelner Autorinnen und Autoren in der Reihe Lyrik-Salon Spezial

Aus dem Deutschen ins Arabische übersetzt und herausgegeben

1. Anton G. Leitner   2023
2. Ludwig Steinherr   2023
3. Fouad EL-Auwad   2023

Aus dem Arabischen ins Deutsche übersetzt und herausgegeben

1. Dareen Zakria   2023
2. Hatem Alshehri   2024
3. Hassan Najmi   2024

Nur herausgegeben:

1. Hedil Alrahed   2016, 2018, 2020, 2022

Weitere Informationen unter:
www.lyrik-salon.de

Patrick Beck

Die unsichtbaren Dinge
werden von der Zeit trainiert

بتريك بيك

الأشياء غير المرئية يُدرّبها الزمن

Aus der Reihe "**Lyrik-Salon**"
سلسلة صالون الشِعر الألماني العربي
Ins Arabische übersetzt und herausgegeben
von
Fouad EL-Auwad